楽しい調べ学習シリーズ

よくわかる大使館

だれが働いているの？
どんな仕事をしているの？

［監修］河東哲夫

PHP

はじめに

みなさんは、大使館と聞いてどんなイメージをもちますか？　大使が、外国のえらい人々を招いて豪華な食事会をするところ、といったイメージでしょうか？

もちろん、それも大使館の大事な仕事のひとつではありますが、大使館の役割はそれだけではありません。

大使館は、外国に置かれていて、そこで働く大使をはじめとした外交官が相手国との「外交」を行っています。外交の基本は、日本の立場を理解してもらいながら、相手国と友好関係を築くことです。そのために大使館の外交官は、日ごろから人脈づくりや、政府間の交渉、経済協力、広報、文化交流など、さまざまな活動を行っているのです。

また、大使館には、外国に住む自国の国民の生命や財産を守る役割もあります。

この本はこうした、大使館の役割と、そこで働く外交官をはじめとした大使館職員の仕事を説明したものです。

みなさんも将来、外交官や大使館職員になろうと思うかもしれません。あるいは、ほかの職業に就いたとしても、海外で働いたり、外国の人と

いっしょに仕事をしたりする機会があるかもしれません。

　今は世界中の企業が競争をくり広げ、日本の企業が海外に進出したり、外国の企業に買収されたりする例が増えています。そして外国人が会社の同僚や上司、部下になることもめずらしくなく、英語ができなくても海外での勤務を命じられることもあります。

　このような時代において言えることは、「どんな会社に勤めても、どんな国に行ってもやっていける能力をみがいておこう」ということです。

　そして、外交官は、外国と日本のちがいをよく心得て、外国語を使って難しい話し合いやスピーチもできる能力をもったスペシャリストです。

　ですから、外交官の仕事について知ることは、みなさんが将来の職業を考えたり、そのためにはどんな能力が必要かを知るためのヒントになるでしょう。

　さあ、この本を開いて、外交の世界に飛び出しましょう。

河東哲夫

もくじ

第1章 外交と大使館

第2章　大使館の仕事

第3章　見学！　各国の大使館

この本の使い方

第 1 章　外交と大使館

第1章では、外交の重要性や歴史を学びます。また、大使館とはどのような機関で、どんな役割を担っているのかについても解説します。

第 2 章　大使館の仕事

第2章では、外国とよい関係を築き、また外国で暮らす日本人の安全を守るために、大使館がどのような仕事を行っているのかを具体的に紹介します。

第 3 章　見学！ 各国の大使館

第3章では、日本にある外国の大使館や、外国にある日本の大使館が、実際にどのような仕事をしているのかを、そこで働く人々のインタビューとともに紹介します。

こうやって調べよう

● もくじを使おう
知りたいことや興味があることを、もくじから探してみましょう。

● さくいんを使おう
さくいんを見れば、知りたいことや調べたいことが何ページにのっているかがわかります。

第1章

外交と大使館

外交(がいこう)って何(なん)だろう？

日本(にほん)はアメリカ、中国(ちゅうごく)、ロシアという軍事大国(ぐんじたいこく)に囲(かこ)まれている。また、北朝鮮(きたちょうせん)は核(かく)ミサイルを保有(ほゆう)している。この中(なか)でわたしたちの安全(あんぜん)をどう確保(かくほ)していくのかも外交(がいこう)の一部(いちぶ)だ。

貧困(ひんこん)やテロ、環境問題(かんきょうもんだい)など、世界(せかい)の課題(かだい)の解決(かいけつ)に力(ちから)を合(あ)わせることは、わたしたちの暮(く)らしと安全(あんぜん)を守(まも)ることに直結(ちょっけつ)する。

世界(せかい)の中(なか)の日本(にほん)

　世界(せかい)には 196* の国(くに)があります。「国(くに)」とは町(まち)や市(し)や県(けん)をとりまとめ、そこに住(す)んでいる人(ひと)たちの利益(りえき)を世界(せかい)に向(む)かって守(まも)り代表(だいひょう)する、大(おお)きなしくみのことです。台湾(たいわん)やパレスチナのように「国(くに)」は名乗(なの)らずとも、諸国(しょこく)に代表(だいひょう)を送(おく)っている「地域(ちいき)」もあります。

　人種(じんしゅ)や民族(みんぞく)、宗教(しゅうきょう)、文化(ぶんか)は国(くに)によってさまざまで、政治(せいじ)や経済(けいざい)のしくみも異(こと)なっています。人々(ひとびと)の考(かんが)え方(かた)、つき合(あ)いの仕方(しかた)もまちまちです。

　こうした国々(くにぐに)とうまくつき合(あ)い、日本(にほん)の評判(ひょうばん)を良(よ)くしておけば、日本(にほん)の主張(しゅちょう)や意見(いけん)が世界(せかい)で通(とお)りやすくなります。また、利害(りがい)の対立(たいりつ)やもめごとをうまく収(おさ)めておかないと、一方的(いっぽうてき)に貿易(ぼうえき)を止(と)められたり、戦争(せんそう)になったりしかねません。

* 日本政府(にほんせいふ)が承認(しょうにん)している国(くに)の数(かず)（日本(にほん)をふくむ）。

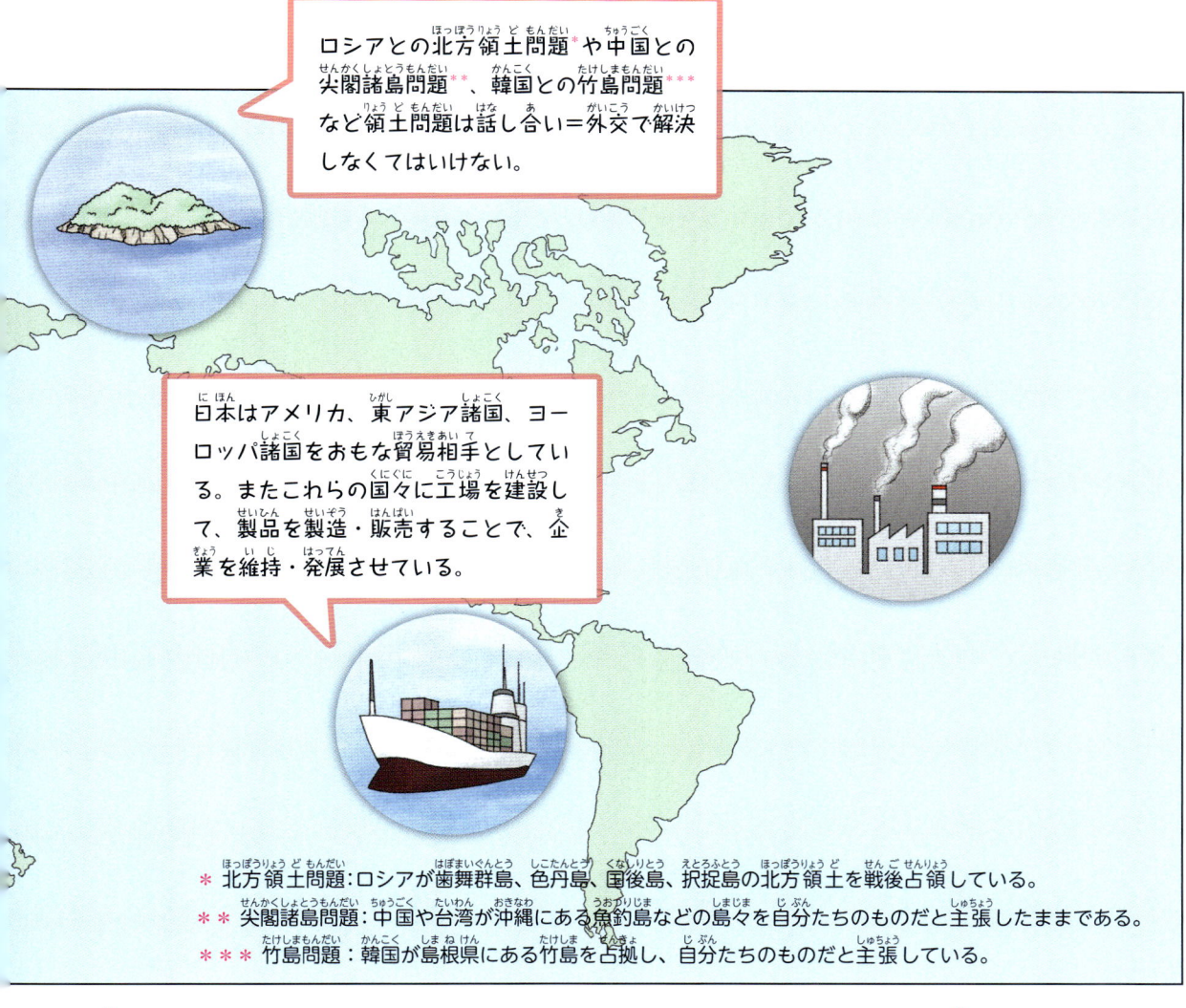

ロシアとの北方領土問題*や中国との尖閣諸島問題**、韓国との竹島問題***など領土問題は話し合い＝外交で解決しなくてはいけない。

日本はアメリカ、東アジア諸国、ヨーロッパ諸国をおもな貿易相手としている。またこれらの国々に工場を建設して、製品を製造・販売することで、企業を維持・発展させている。

＊北方領土問題：ロシアが歯舞群島、色丹島、国後島、択捉島の北方領土を戦後占領している。
＊＊尖閣諸島問題：中国や台湾が沖縄にある魚釣島などの島々を自分たちのものだと主張したままである。
＊＊＊竹島問題：韓国が島根県にある竹島を占拠し、自分たちのものだと主張している。

外交はわたしたちの生活や安全を守る手段

　そういうわけで、国と国はその政府*同士が話し合い、貿易など普段のつき合いのルールを定め、利害の対立やもめごとを収めていく必要があります。

　そうやって日本の政治・経済などを支え、日本が戦争に巻きこまれるのを防ぐわけです。

　政府同士の話し合いやつき合い、これがつまり外交の重要な一部なのです。

　国と国、あるいは地域との間には、企業や、留学生、観光などの幅広い交流がありますが、外交はそうした交流を土台にし、国を代表して行うものです。

＊政府：大統領や首相が指揮する諸省庁のこと。国家公務員が動かす。

日本の外交を担っている機関

 外交政策はだれが決めるの？

　外国とどのようにつき合えば、日本のためになるかを考える総合的な政策を「外交政策」といいます。

　外交政策を最終的に決定するのは内閣総理大臣ですが、その判断の材料は、おもに外務省が国内と海外の情報を集めて分析したうえで、経済産業省、防衛省、財務省など外交に深い関係をもつ省庁とも話し合った結果がもとになります。

　つまり、大使館などの在外公館（→ p.12）や外務省は、情報を集め、外交政策を政府内で考えるうえで、中心的な役割を果たしているのです。

　より良い政策を考え出し、それを実行できてはじめて、国民が安心して暮らせる生活を守ることができるのです。

政策決定は一筋縄ではいかない！

　外交政策の立案は、総理大臣が「こんな感じで考えてくれ」と概略を指示する場合もあれば、外務省の官僚（公務員）が立案する場合もあります。

　どんなときでも、国民を代表する政治家、メディアなどの意見を受けるので、まとめるのはとても大変です。

　「素晴らしい政策」をつくるのは簡単ですが、肝心なのはみんなを説得し、不利益をこうむる人たちへの補償を行うための予算まで獲得してくる力です。

　民主主義の社会では、予定通りにものごとが進まないこともありますが、官僚たちは、ねばり強く政策をつくっているのです。

内閣総理大臣

重要な政策を外務省を使って決め、実行する。

大使館などの在外公館

派遣先の国の政治や経済、軍事などの情報を集め、政策に活かす。

外務大臣

総理大臣の代わりとして世界を飛び回り、日本の立場を説明し、交渉を進める。

外務省

外交政策を他の省庁と協議して決める。

「国益」を守る外務省の役割

　日本の外交の中心を担う外務省の役割は、ひとことで言えば日本の「国益」を守ることです。国益とは、国の独立や安全、国民の暮らし向きなど、大多数の国民が必要と考えているもののまとまりのことです。

　国益を守るということは、まずは自分の国の利益を考えることですが、だからといって自分の国さえよければいいということではありません。

　世界の紛争を収めるために、国連の平和維持活動（PKO ＊ → p.41）に自衛隊を送ることや、発展途上国の港、鉄道、電話網などの「インフラ」建設を援助して、先進国の企業が工場をつくるきっかけとすることも、日本の国益につながります。

　なぜなら、これらの国の人々の暮らしが良くなれば、国内で紛争が起こることも少なくなり、過激な宗教やテロ組織にひかれる人も少なくなるからです。

※ PKO：紛争地において戦闘が収束したあとに、平和維持のために行われる活動。

在外公館ってどんなところ？

在外公館は国の代表

在外公館とは、外交を行うために外国に置かれる機関のことで、大使館、政府代表部、総領事館があります。

日本の大使館は、国の代表として、政府間の交渉を担当すると同時に、相手国の人に日本のことを知ってもらったり、日本人の生命、財産を保護したりするために、おもに相手国の首都に置かれています。

政府代表部は、国際連合*やEU**などの国際機関に、国を代表して置かれています。

総領事館は、おもに領事（→ p.31）という仕事を行う機関として、日本と強い関係をもつ世界のおもな都市に置かれています。

現在、日本の在外公館は世界各地に 269（大使館 195、政府代表部 10、総領事館 64）あります（2018 年 1 月時点）。

大使館、政府代表部のトップには大使が、総領事館のトップには総領事が就きます。

外交を行うために相手国の首都に置かれている。

大使館

・所在地：首都
・トップ：大使

* 国際連合：第二次世界大戦の反省をふまえ、国際平和と安全保障を目的としてつくられた組織。

** EU：欧州連合。ヨーロッパ諸国の経済や政治の統合をめざしてつくられた共同体。

大使の目

「国の代表」ってどういうこと？

「国の代表」である大使は会社でいえば社長にあたります。任国*では、日本政府の名で発言し、約束できる権限をもつ唯一の人物です。式典などに呼ばれてスピーチをすることも多く、週末がよくつぶれます。自分が何か失敗をすれば、日本や日本人の利益が失われたり、権威などに傷がついたりしかねません。その重圧は相当なものです。そのせいか、大使をやめて帰国する飛行機に乗るときの解放感は格別です。　* 任国：大使や総領事などの外交官が赴任する国。

大使館のおもな役割

　日本の大使館のおもな役割は、第一に任国との外交ルールを定め、第二に日本と任国の間の貿易、投資、文化交流などが広がるように企業や個人をうながし、第三に、任国で事故にあったり、問題を起こしたりした日本人を助けることなどです。さらに、総理大臣、外務大臣などが任国をおとずれると、その日程をつくったり、滞在中の代表団の世話をしたりするため、大いそがしになります。

　これらの役割を果たすために、各分野ごとに参事官や書記官（→ p.23）といった担当の外交官がいて、必要な情報収集・調査を常に行い、大使の名で外務省に報告するなど、いつもチームで動いています。大使をはじめとする外交官は、「役人」であると同時に、人々の間の利害を調整する「政治家」、政治・経済情勢の判断ができる「学者」、テレビに出て日本のことを説明できる「タレント」などのような役割も担っているのです。

　なお、総領事館も大使館と似た役割を担っていますが、外交ではなく、その国に住む自国民の保護や貿易などの促進、ビザの発行などの領事（→ p.31）を行うための機関です。

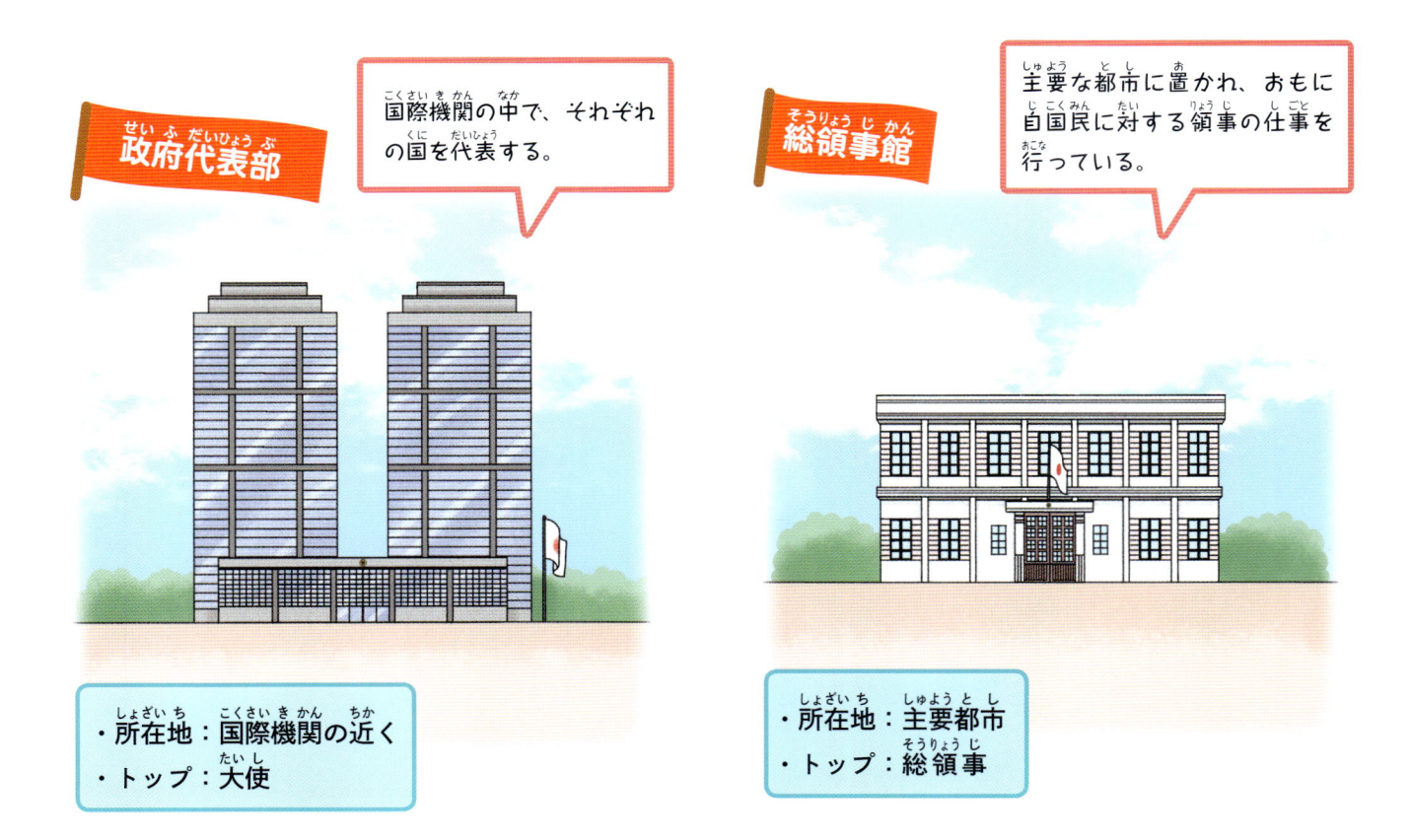

政府代表部
国際機関の中で、それぞれの国を代表する。

・所在地：国際機関の近く
・トップ：大使

総領事館
主要な都市に置かれ、おもに自国民に対する領事の仕事を行っている。

・所在地：主要都市
・トップ：総領事

外交の歴史

外交使節の派遣の始まり

　国と国とのつき合いは古代から行われていたものですが、現代の「外交」、そして大使館や総領事館のあり方は、中世ヨーロッパの商業都市国家間のつき合い方に、その始まりがあります。

　そのころのヨーロッパでは、都市が国家のような存在でしたが、たがいに貿易をするときには「領事*」を派遣して、船や貨物の交易の手続きを助けました。また、同盟関係を結ぶなどの重要な政治的問題には、「大使」を派遣して、その問題の解決にあたりました。

　この制度はしだいに発展し、17世紀のヨーロッパで現在の形の「国」が成立してくると、現在の形に似た大使館・領事館になっていきます。

＊ 領事：外国で自国民を守ったり、自国の利益になるように貿易を促進したりするために派遣される外交官のひとつ。

領事の始まり

中世の商業都市国家では、交易をスムーズに進めるために領事をほかの都市国家に派遣した。

大使の始まり

同盟

常駐の外交使節の派遣は13世紀イタリアの都市国家で始まり、派遣された大使は、派遣先の国との間の問題の解決にあたった。

2つのウィーン条約

　この制度は後に、多国間の国際条約としてはっきり文章の形でまとめられました。それが、1960年代に結ばれた2つの通称「ウィーン条約」です。

　ひとつ目は、「外交関係に関するウィーン条約」（1961年採択）です。これは、在外公館や外交官の仕事の内容や、任国で有する権利、特権（→ p.18 ～ 21）について定めた条約です。

　ふたつ目は、「領事関係に関するウィーン条約」（1963年採択）で、領事の仕事の内容や、任国で有する権利、特権について定めています。

　なお、領事の任務はおもに経済や文化の交流に限られているほか、ひとつの国にいくつか総領事館が置かれている国では、担当する地域も限られています。

日本の外交の歴史

東アジアとの長い外交の歴史

日本人の祖先の多くは中国大陸や朝鮮半島からやってきました。2万年前ごろまでは、日本は朝鮮半島とほとんど陸地でつながっていたのです。ですから、西暦300年ごろ日本にあったいくつかの王国、そして後の大和朝廷は、中国大陸、朝鮮半島にある国々とつき合う、つまり外交をすることで、貿易の利益を得ようとしました。漢字や政府のしくみは当時、日本が中国から取り入れたものです。

18世紀ごろまで、中国の力は日本をふくめて周辺の国々をはるかに上回っていました。そのため、当時の中国（漢、隋、唐など王朝名は変わっていきます）はアジアを「一家」と想定し、父である中国に周辺諸国が子として服属すれば守ってやるし、貿易も許すという姿勢を取っていました。これを朝貢・冊封体制といいます。

日本もこれに応じて600年ごろから遣隋使や遣唐使を派遣していましたが、唐王朝が内乱で乱れた894年を契機に廃止され、以後、中国の諸王朝には政府使節を派遣せず、貿易だけ行う関係を明治維新まで維持しました。

遣隋使・遣唐使

飛鳥時代～平安時代の初めにかけて、中国（隋・唐）に遣隋使や遣唐使を派遣した。

鎖国

江戸時代、貿易の相手はオランダと中国と朝鮮に限られ、取引の場所も長崎の出島などに限定されていた。

近代日本の外国政策

この、アジアにかたよった日本の国際関係は、1853年にアメリカのペリー提督が軍艦を率いて来航し、日本に交流、つまり外交・通商関係を開くことを強制したときに、大きく変わります。江戸時代の日本は鎖国体制*の下で、中国の清王朝、朝鮮の李王朝、そしてオランダとだけ貿易をしていたのです。

明治時代以降の日本は、日本との外交・通商関係をあいついで開いた欧米諸国に植民地化されるのを防ぐために「富国強兵**」政策をとり、日清戦争、日露戦争に勝利、台湾、韓国を併合して中国の満州を独立させました。そして日本は満州での権益を守るために、中国、そして後には東南アジアにまで軍を進め、それが欧米諸国の権益と対立したために、1941年にはアメリカ、イギリス、オランダなどとの太平洋戦争（大東亜戦争）が始まります。そして日本は、1945年にアメリカなどに降伏します。

戦後日本は、グローバルな自由貿易体制の中で繁栄し、貧富の格差が小さく、自由で民主的な社会を築きました。

今、中国や韓国などのアジアの国も繁栄し、力をつけてきています。日本はこうした国々と平等な関係を結び、協力し合いながら未来を共につくっていかなければなりません。

＊ 鎖国体制：日本人の海外渡航や外国人の入国を禁じ、貿易の相手を中国・朝鮮・オランダに限定した江戸幕府のしくみ。
＊＊ 富国強兵：経済を発展させて国を豊かにし、その財力で強い軍隊をもつこと。

黒船来航

1853年、アメリカのペリー提督が黒船でやってきて「開国」をせまり、日本の外交のあり方を大きく変えた。

太平洋戦争

東アジアの植民地支配をめぐって欧米諸国と戦争し、多くの戦死者や民間人の犠牲者を出した。

大使館は特別な場所

大使館に入るには

　大使館は、領事の仕事（→ p.31）を担当している領事部や、広報センターには自由に入ることができますが、ほかの場所に入るには、あらかじめ大使館職員と会うための約束をすることが必要です。

　大使館には機密の文書もありますし、大使館職員の安全を守る必要もあるので、このような手続きが必要なのです。

　日本の大使館は任国の警察に守られていますが、その警察官は門の外にいるだけで、大使の許可なしには敷地内に立ち入ることができません。

　なぜなら、大使館は任国の中にありながら、その国の法律が適用されないということが、すでに述べた「ウィーン条約」（→ p.15）で決められているからです。

公館の不可侵権

公館には不可侵権とよばれる外交特権※があります。不可侵権とは、「おかすことのできない権利」のことです。

これは、もともとは任国の政府が大使館を占拠したり、外交官を逮捕したりすることによって、相手国に圧力をかけるのを防ぐためのものでした。

なお、大使館や大使公邸※※、大使や総領事の公用車には自国の国旗をかかげますが、これは不可侵権があることを知らせるためでもあります。

※ 外交特権：在外公館と外交官に認められた外交上の特別な権利。
※※ 大使公邸：大使が住む住居。要人をよんで食事会をしたり、自国からの重要な来客を泊めたりする公的な住居なので、「公邸」とよぶ。

国旗・国章の掲揚の権利

公館には自国の国旗などをかかげることができる。

公館の不可侵権

在外公館の敷地・建物には、大使や総領事の許可なく入ることができない。

大使館や外交官がもつ外交特権

そのほかの外交特権

大使館や総領事館には「公館の不可侵権」や「国旗・国章の掲揚の権利」以外にもいくつかの特権や免除があたえられています。

まず、在外公館に対して税金が課されることはありません。

また、公文書や通信についても不可侵権（→ p.19）が適用されます。

とくに外交伝書使という外交官が運ぶ、公文書が入った「外交封印袋」は、外国の役人や警察は開けてはならず、空港の保安・税関検査でも開く必要がないとされています。

また、外交官に認められた特権もあります。たとえば、一般の人が外国で法律を破れば、逮捕され、裁判にかけられますが、外交官の場合は、本国への出国が求められるだけでつかまることがありません。これは、「身体の不可侵権」と「裁判権の免除」とよばれる特権です。

その他の特権

- 住居等の不可侵権…許可なく外交官の家に立ち入ることはできない。
- 社会保障、租税、役務の免除…任国の税や社会保障費、兵役を免除される。
- 関税と検査の免除…空港や港での関税や検査が免除される。

課税の免除

在外公館には税金が課されない。

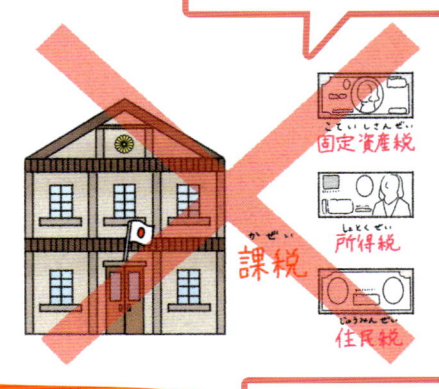

公文書の不可侵権

外国の役人や警察は公文書の捜索、差し押さえ、閲覧ができない。

通信の不可侵権

「外交封印袋」で文書類を送ることが認められ、外国の役人や警察はこれを開けてはならない。

※ 外交封印袋は機密のため、実際の形状とは異なります。

身体の不可侵権

逮捕されるなど、身体を拘束されることがない。

裁判権の免除

刑事・民事・行政裁判にかけられることがない。

外交特権の意味

このように、外交特権とは、在外公館と外交官に認められた外交上の特別な権利のことです。ここでいう特権とは任国の法律が適用されないという意味で、ふつうにいう「特権」のことではありません。

ですから日本の外交官は、任国の法律を尊重し、「特権」をかさに着て法律違反をするようなことはしません。

なお、外交官以外の外国人は、その国の法律を破れば逮捕され、投獄され、そして最悪の場合は死刑になることもあります。外交官は、そうやって逮捕された自国の国民に自国の法律を適用するよう、任国政府に求めることはできません。

大使の目

スパイと外交官

ロシアや中国で外交官として働いていると、任国の記者などから冗談半分に、「外交官はスパイと同じ」と言われることがあります。

自国の利益のために働く人をすべてスパイとよぶならそうなるかもしれませんが、外交官とスパイが決定的にちがう点は、外交官は人を殺したり、偽札をばらまいたり、任国の政府にしのびこんで機密文書の写真をとったりはしない、つまり任国の法律を破るようなことはしないということです。

大使館で働く外交官

大使は国の代表

大使館のトップは「大使」です。

大使は、外交交渉を取りしきり、国の代表として、条約を結びます。また、任国に滞在している国民の安全を守るために働くことも少なくありません。

日本の大使の任命は、外務大臣の申し出を受けて内閣が行い、天皇が認証することになっています。そのときは、皇居で天皇から信任状を受け取る儀式が行われます。

この信任状は任国に着いたときに、その国の首脳＊に会って手渡します。これで初めて、大使としての仕事を正式に始めることができるようになるのです。

なお、派遣にあたっては、任国から事前に同意を得る必要があります。

＊首脳：国王や大統領、総理大臣など国の政府を代表する人。

大使の就任

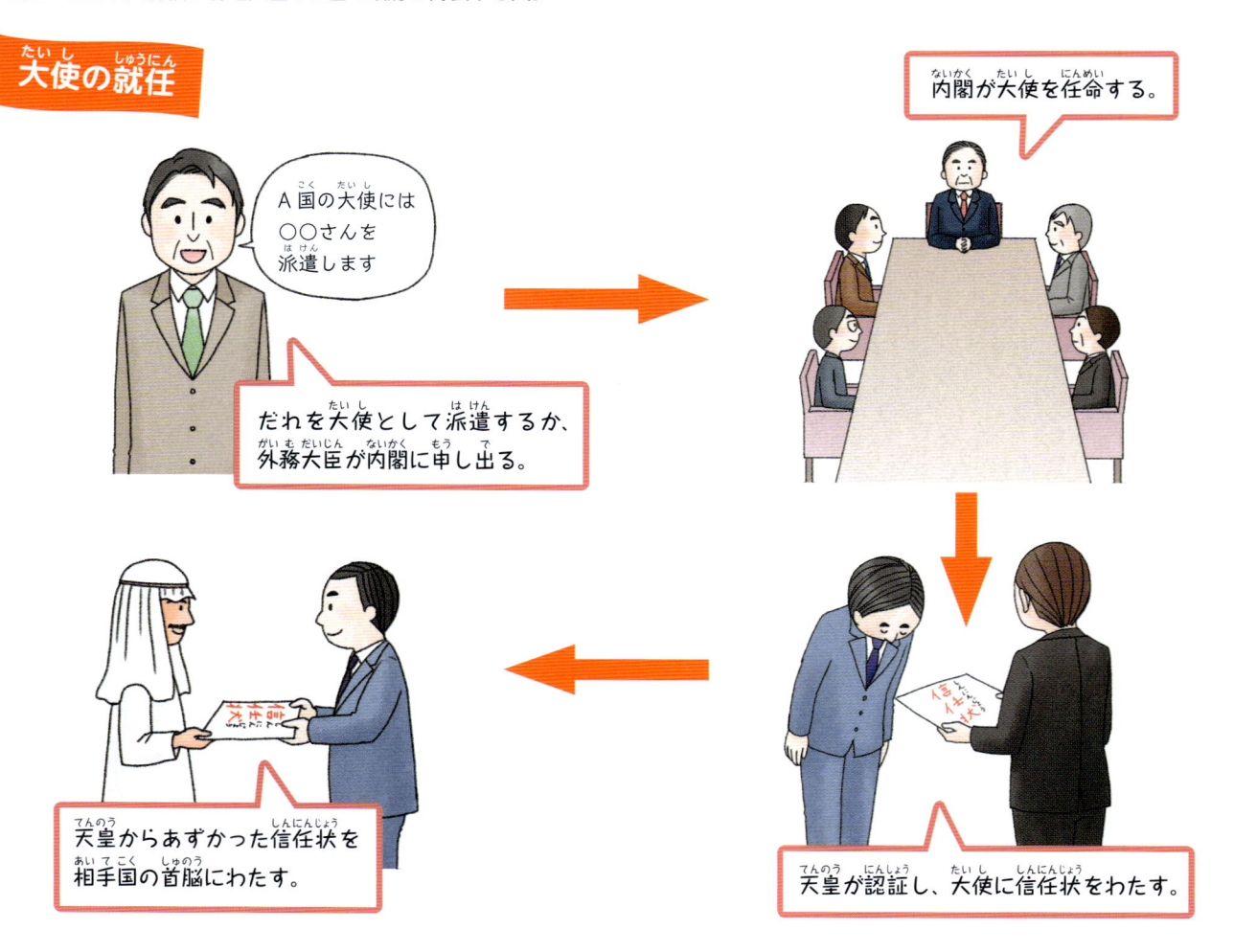

A国の大使には○○さんを派遣します

だれを大使として派遣するか、外務大臣が内閣に申し出る。

内閣が大使を任命する。

天皇が認証し、大使に信任状をわたす。

天皇からあずかった信任状を相手国の首脳にわたす。

大使以外の外交官の仕事

　日本の大使館では、大使以外にも、公使、参事官、書記官、理事官、防衛駐在官*といった外交官が働いており、これらの人々をまとめて「外交使節団」といいます。

　外務省の公務員がおもですが、ほかの省庁から派遣された人もたくさんいます。

　大使一人で全部の仕事をこなすことはできないので、これらの外交官が任国の国会議員、諸省庁の幹部、軍人、そして新聞・テレビの記者たちと親しくなり、自分の担当分野の情報や資料を集め、問題を解決していきます。

　そして大使は、任国の大臣などの高い地位の人物と話し合わないと解決できない問題が生じたときだけ出向きます。

　大使館は学校や会社と同じく、組織、チームとして動いているのです。

＊ 防衛駐在官：軍事や安全保障についての情報収集を担当する外交官兼自衛官。

大使館を学校にたとえると

大使……外交交渉や条約の調印、自国民の保護などを行う外交使節団のトップ。

公使……大使館の中で大使の次の地位にある外交官。

参事官……大使館の幹部として働く外交官。

書記官・理事官……外交事務の実務を担当する外交官。

大使
公使
参事官
書記官・理事官

校長先生
教頭先生
ベテランの先生
若手の先生

大使館で働く人々

外交官以外の職員の仕事

日本の外交官は会社でいえば正規社員にあたります。海外の日本大使館での勤務と日本（外務省）勤務を数年ごとにくり返しながら、理事官から書記官、参事官、公使、そして大使に昇進していくのがふつうです。

日本の大使館にはこのほか、非正規の社員にあたる人々も働いています。国際問題を研究する学者を志す人は、在外公館専門調査員になって、日本大使館で原則2年働きつつ、専門分野の勉強を深めることができます。

在外公館派遣員は、原則2年、海外の日本大使館で働きます。日本からのお客さまの世話や、会計などの事務の手伝いをして、社会経験を積み、語学をみがいています。

公邸料理人は、一軒の高級料亭・レストランを任された板前・コックのような存在で、仕入れから公邸での重要な会食や、数百人ものレセプション（公式の招待会）の調理を任される、やりがいのある仕事です。公邸での会食は外交の重要な手段なので、公邸料理人は大使や総領事の右腕ともいえる存在なのです。

在外公館専門調査員

専門分野の情報を集めて分析する。

在外公館派遣員

来客の世話や会計などの事務を手伝う。

公邸料理人

公邸で開かれる食事会のための料理をつくる。

現地採用の職員

現地ならではの知識や言語力を活かして外交官をサポートする。

現地で採用される職員の仕事

外国の国民、あるいはその国に定住している日本人は、日本大使館の職員になることができます。外交官になることはありませんが、外交官のサポート、あるいは秘書の仕事をすることになります。

外交官が任国の言葉がわからない場合、メディアの報道をまとめて外交官に報告したり、現地の人々からの日本についての問い合わせに答えたり、数年で代わる外交官のために現地での人脈をつないだりと、重要な役割を果たします。

この職には外交特権はなく、給与も外交官以下ですが、一人の募集に何十人もの応募があるくらい人気のある職業です。

日本の大使館で働くには

外交官になるには

　外国語がペラペラでなくても、法律、経済、英語の筆記試験と面接試験に合格すれば、外務省に入ることができます。

　試験は職種別に3種類あって、将来大使になるには「国家公務員採用総合職試験」を、ひとつの国や分野の専門家になるには「外務省専門職員採用試験」を、そして会計や通信などの縁の下の力持ちの仕事をめざすには「国家公務員採用一般職試験」を受けることになります。

　入省後数年で、外国の大学に2、3年送られ、語学や専門知識をみっちりと勉強し、そのあとは海外と日本での勤務を何回もくり返して、やっと「外交官」といえるだけの力がついてくるのです。

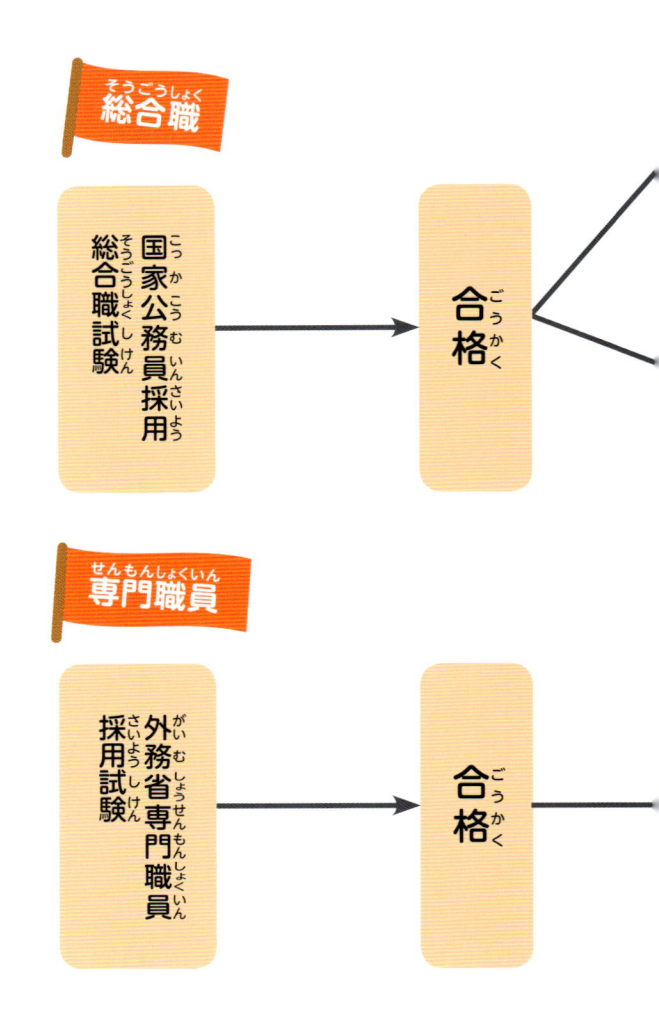

総合職

国家公務員採用総合職試験 → 合格

専門職員

外務省専門職員採用試験 → 合格

 大使の目

外交官になるのは大変

　2000年までは、幹部外交官になるには、通称「外交官試験」というものがありました。とても難しい試験で、合格するのはおよそ20人に1人でした。試験の準備には、ふつう1年はかかりました。

　外交官になるのは大変でしたが、海外で勉強し、働く機会を得ると、人生観が変わります。せまい日本の中にいたままでは、独りよがりになってしまい、世界の中の日本と日本人のあり方を考えることはできません。

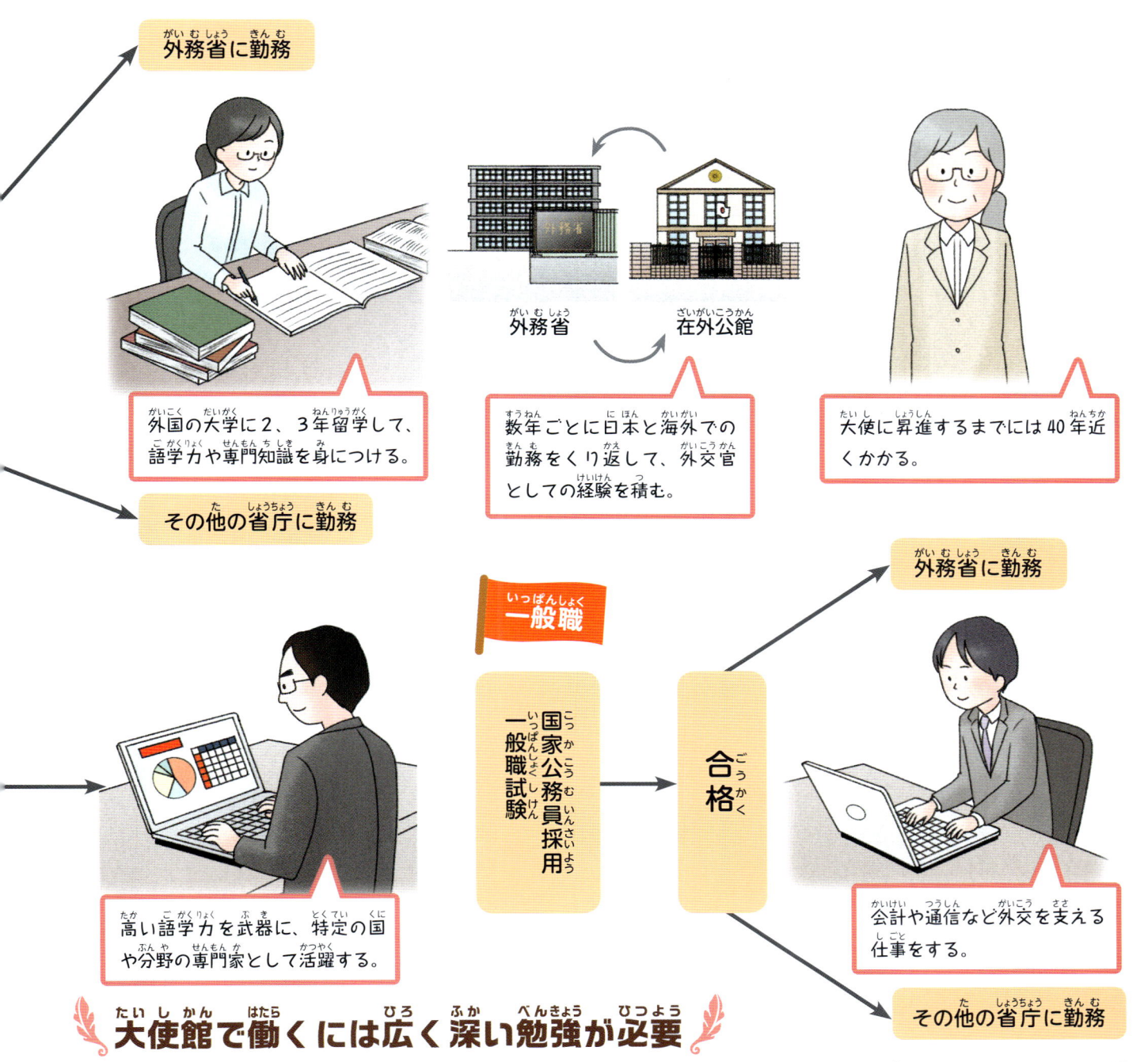

外務省に勤務

外国の大学に 2、3 年留学して、語学力や専門知識を身につける。

その他の省庁に勤務

外務省　　在外公館

数年ごとに日本と海外での勤務をくり返して、外交官としての経験を積む。

大使に昇進するまでには 40 年近くかかる。

一般職

国家公務員採用一般職試験

合格

外務省に勤務

高い語学力を武器に、特定の国や分野の専門家として活躍する。

会計や通信など外交を支える仕事をする。

その他の省庁に勤務

大使館で働くには広く深い勉強が必要

　試験に合格したあとも、語学力をみがき、日本の歴史、文化、政治、経済、社会についても広く深く勉強しなければ、外交官として、大使館で重要なポストに就くことはできません。

　企業や大学から転職して、外務省に正規の外交官として採用される例も増えていますが、それはそれぞれの分野の最高レベルの専門家に限られています。在外公館専門調査員、在外公館派遣員として、海外の日本大使館に数年勤務することもできますが、これも試験に合格しなければなりません。

　外国に定住している日本人なら、その国の日本大使館の職員として働くことも可能ですが、採用の条件はきびしく、求人数も少ないため、せまき門となっています。

世界を相手にするのはおもしろい

　40年間外交官をやって感じるのは、「ああ、おもしろかった」ということです。いろいろな国に住み、そこで働くので、あきることがありません。

　でも、この職業はどんどん変化しています。外交官を大使、参事官、書記官などに分けるしくみは近世のヨーロッパで発達したもので、今では少し古くさくなったなと思います。それにヨーロッパというと、自分たちからは遠い話なのだという感じがしてしまいます。

　日本は古くから中国や朝鮮半島の国々と外交をしてきたわけで、そのアジア諸国が力をつけてきた今は、外交の制度や習わしもアジア諸国に合わせて変えていく必要があるでしょう。

　また、企業がグローバルに活動し、膨大なモノやカネが国境を越えて動く今、一国の政府、外交官ができることは少なくなっています。国と国の間の関係づくりは外交官だけでなく、政治家、企業人、ジャーナリスト、学者など、多数の人々が担うようになっています。

　世界を相手にすれば、おもしろい人生を送ることができます。これからの時代は、大使館や外務省で働かなくても、世界を相手に仕事をするのは当たり前になっていくでしょう。外国語のひとつ、ふたつは話せる必要があります。

　「すぐれた翻訳機ができるだろうから話せなくてもいいのでは？」と思ってはいけません。人々の考え方は国によって大きく異なるので、機械的な翻訳だけでは危険な誤解が生じてしまいます。日本と相手国の習慣のちがいを理解し、その国の言葉を自由に話せるようでないと、十分な仕事はできません。みなさん、能力をみがいて、世界にチャレンジしてみてください。

第2章

大使館の仕事

大使館のさまざまな仕事

外交

任国に自国について知ってもらい、よい関係を築くための、さまざまな活動を行う。

大使館が行う外交の仕事

　すでに見てきたように、大使館は、国を代表して、任国に自分の国のことを知ってもらい、友好関係を築くための機関です。

　外国とよい関係を築く方法にはさまざまありますが、その基本は、日本の大使館であれば「日本のことをよく知ってもらい、日本を理解してもらうこと」です。

　日本の大使館はそのために、さまざまな活動をしています。国と国とのルールをつくるための働きかけをしたり、日本のたのみごとを聞いてもらうための人脈を日ごろからつくったりします。また、日本のことを知ってもらうために、広報活動や文化交流を行ったり、発展途上国への経済協力や、平和を守るための活動に関わったりすることで、日本への信頼が高まるよう努めています。

領事

任国に滞在する自国民の情報を管理し、安全を守るためのさまざまなサービスを行う。

大使館が行う領事の仕事

　また、大使館には、「領事」を担当している領事部という部署があります。領事とは、任国で自国民を守ったり、自国の利益になるように貿易を促進したりする仕事のことです。また、その仕事をする外交官のことも領事（領事官）といいます。

　領事の仕事には、パスポートやビザを発行したり、日本の大使館であれば任国に長期間住む日本人の「在留届」や国籍、戸籍に関する書類を受け付けたり、任国に住む日本人が日本の国政選挙に参加できるようにしたり、事故や災害、犯罪に巻きこまれた日本人を助けたりするなど、さまざまなものがあります。

　こうした外交や領事の仕事の具体的な内容を、これからひとつずつくわしく見ていきましょう。

国と国との「ルール」をつくる

国と国との決まりごと、「条約」

外交では、核軍縮の交渉のような大きなことから、貿易を制限しない、あるいはビザなしの自由な入国を認めるといったことまで、国と国がつき合っていくうえでのルールや枠組みを定めます。個人や企業は、そのルールや枠組みの中で自由に活動できるのです。

国と国とのルールは、おたがいの国の外交官が交渉し、重要なことは両国の首脳の間で決め、多くは「条約」や「協定」とよばれる文書にまとめられます。

条約案（または協定案）がまとまると、国会で議論をして承認し、次にこの条約に定めてあることを国内で施行するために、新たな法律をつくったり、すでにある法律を改正したりします。

条約は何十年も続くことがあって、人々の暮らしに大きな影響をあたえます。ですから、ていねいな交渉が必要になるのです。このため、条約を結ぶことは外交官の仕事の中でも最も重要なものとされ、外交官をめざす人には法律の知識が求められるのです。

条約を結ぶまでの大使館の仕事

任国の状況を見極め、自国の政府に報告する。

任国の政治家やメディアに自国の立場を説明する。

任国の事情についての情報を集めて、検討する。

ルールづくりのために大使館が行う活動

　条約を結ぶための交渉は、日本の場合、日本から政府の代表が出張して行うことが多いです。それは、政府が交渉の方針を定め、国内の利害の調整を行っているため、交渉での押しどころ、引きどころをよく心得ているからです。

　複雑な問題のない条約・協定などの交渉は、大使館と任国の間で行います。実際の交渉は参事官や書記官の仕事です。

　条約を結ぶときも、大使館は任国の事情をよく調べ、任国の要求がどの程度真剣で妥協できないものかを見極めて日本政府に報告したり、日本国内の事情を任国の政府や議員、メディアなどに説明したりして、日本の立場が受け入れられるように努めます。

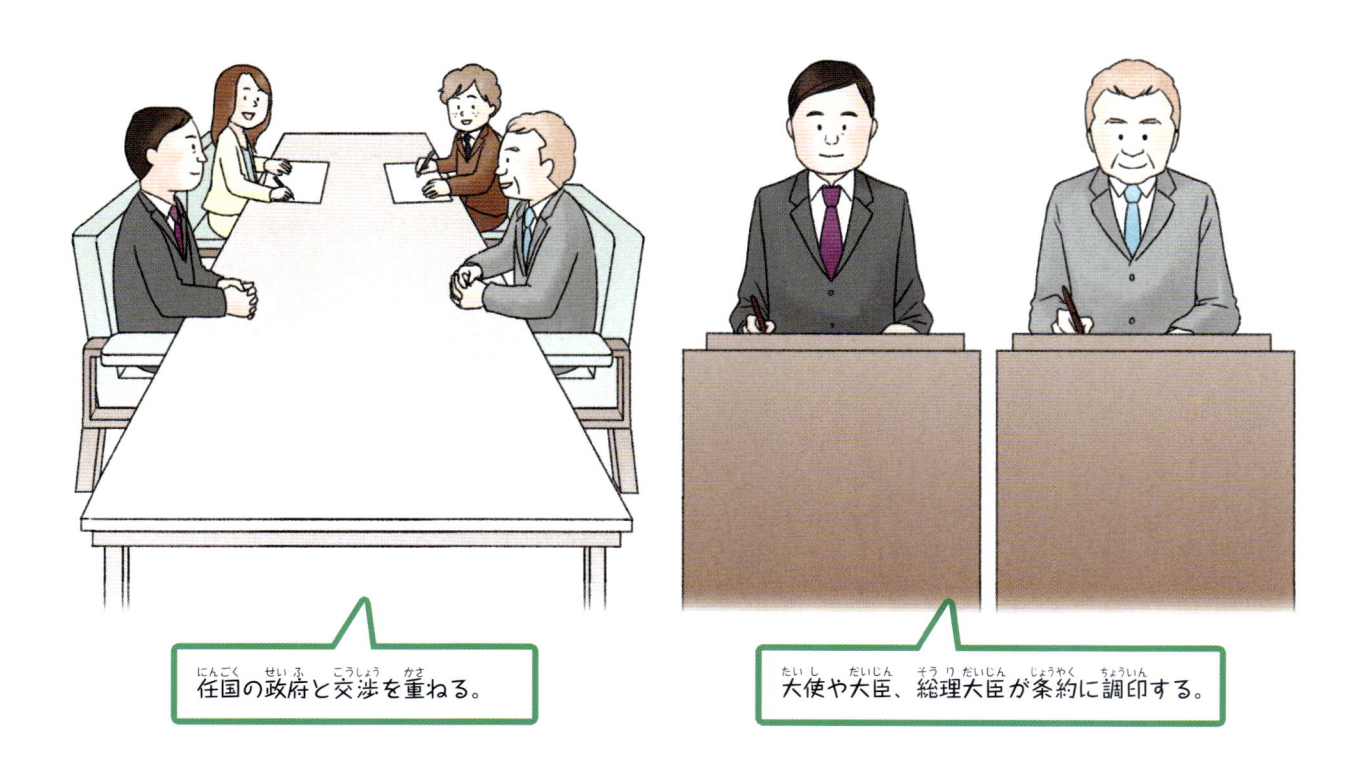

任国の政府と交渉を重ねる。

大使や大臣、総理大臣が条約に調印する。

国と国との関係を発展させる

国と国との友好関係を築く

　人と人の間のつき合いもそうですが、国と国のつき合いでも、「あの国の言うことなら」と、たのみごとを聞いてもらえる関係をつくっておかねばなりません。

　また、自国の周辺に武力で他国をおびやかす国があれば、自国を守るために仲間となる同盟国または友好国をつくっておく必要があります。

　このために、日本の外交官は「任国と日本の関係をより友好的なものにしておき、問題が起こるのを事前にキャッチして、任国政府と協力して解決しておく」ことをいつも心がけます。

　そのためには日本、そして任国の社会、文化、経済、政治、軍事などあらゆる面に目を光らせて問題を見つけ、それを解決するために、その方面の有力者と友好関係を築いておく必要があります。

外交官の人脈づくり

日ごろから、任国の議員や役人のもとをおとずれ、友好関係を築いておく。

国と国、人と人とをつなぐ外交官の仕事

外交の仕事は、大使一人でできる仕事ではありません。大使や大使館職員が、それぞれの役職に応じて分担します。たとえば、大使は任国の政治家と、参事官は任国の次官や局長クラスの人と、書記官は任国の課長クラスの人と友好関係を築いておくのです。

さらに、自国と任国のさまざまな分野の有力者同士が結びついていれば、両国の交流・協力は外交官の助けなしに大きく広がっていきます。そして、何か問題が起こったときにも、「感情的に対立するより、いっしょに解決方法を考えよう」という気持ちになるものです。

「外交は理屈の勝負ではない。つきつめれば人と人の間のつき合い、信頼関係なのだ」といわれるのも、こうした人間の心情が大切だからです。

家族ぐるみの人脈づくり

公邸に任国の議員や役人を招き、家族ぐるみの食事会を開くなどして、親しくなっておく。

大使の目　「人脈づくり」はつらいよ

人脈づくりは外交官の重要な仕事ですが、そのために任国の議員や役人と食事を共にすることが多くなります。「豪華な食事をしている」とうらやましがられますが、食事といっても真剣勝負です。会話の中で相手からそれとなく情報を聞き出したり、交渉事についての日本の立場を理解してもらったりするなど、食事を楽しむどころではないのです。

日本の立場を理解してもらう

日本を知ってもらうための広報活動

「たのみごとを聞いてもらえる」「いつも日本を支持してもらえる」という関係をつくるには、任国の国民に直接語りかけることも有効です。そのため、大使館は「広報活動」、つまりPRを行います。

たとえば、日本大使館には任国の小学生などが夏休みの宿題のために日本のことを聞いてきたり、一般の人が観光スポットやビジネスに関する情報などを聞いてきたりします。こうした問い合わせには、多くの大使館が広報担当を決めて答えています。日本の観光名所や文化について、任国のテレビや新聞、インターネットなどを通して、情報を発信することもあります。

また、ロシアとの北方領土問題（→ p.9）や中国との尖閣諸島問題（→ p.9）などの政治問題については、任国の政府、議会、メディア、学界などに、日本の主張をよく知ってもらう必要があります。そのため日本の大使や大使館職員は、任国の有力者をイベントに招待したり、彼らのオフィスを訪問したりして広報活動を行っています。任国のメディアに対して記者会見を開いたり、インタビューに答えたりすることもあります。

日本大使館の広報活動の例

大使館をたずねてくる任国の人に、大使館のスタッフが日本のことを紹介する。

大使が任国の新聞やテレビ、インターネットに登場し、日本の立場を説明する。

「ソフト・パワー」を強めるために

日本のアニメやゲームを通して、日本に親しみをもってくれる外国人はたくさんいます。領土問題などの政治的な問題で両国政府の関係が悪化しても、任国の一般市民や子どもが日本への親しみを忘れないでいてくれれば、こんなに心強いことはありません。そうした人たちは、日本との関係が悪化するのを望まないからです。

こうした、日本の文化や社会の魅力が発揮する力を「ソフト・パワー」といいます。

日本政府や日本大使館はこのソフト・パワーを強くするため、任国の学生が日本に留学するのを助けたり、日本語学習を広めたり、日本のことを研究する学者に日本での研究の機会をあっせんしたりします。

また、日本のテレビドラマや映画を任国のテレビ局で放送してもらったり、任国と日本の文化交流の仲立ちをしたりする活動も行っています。中にはコスプレ大会を行うような、ユニークな大使館もあります。

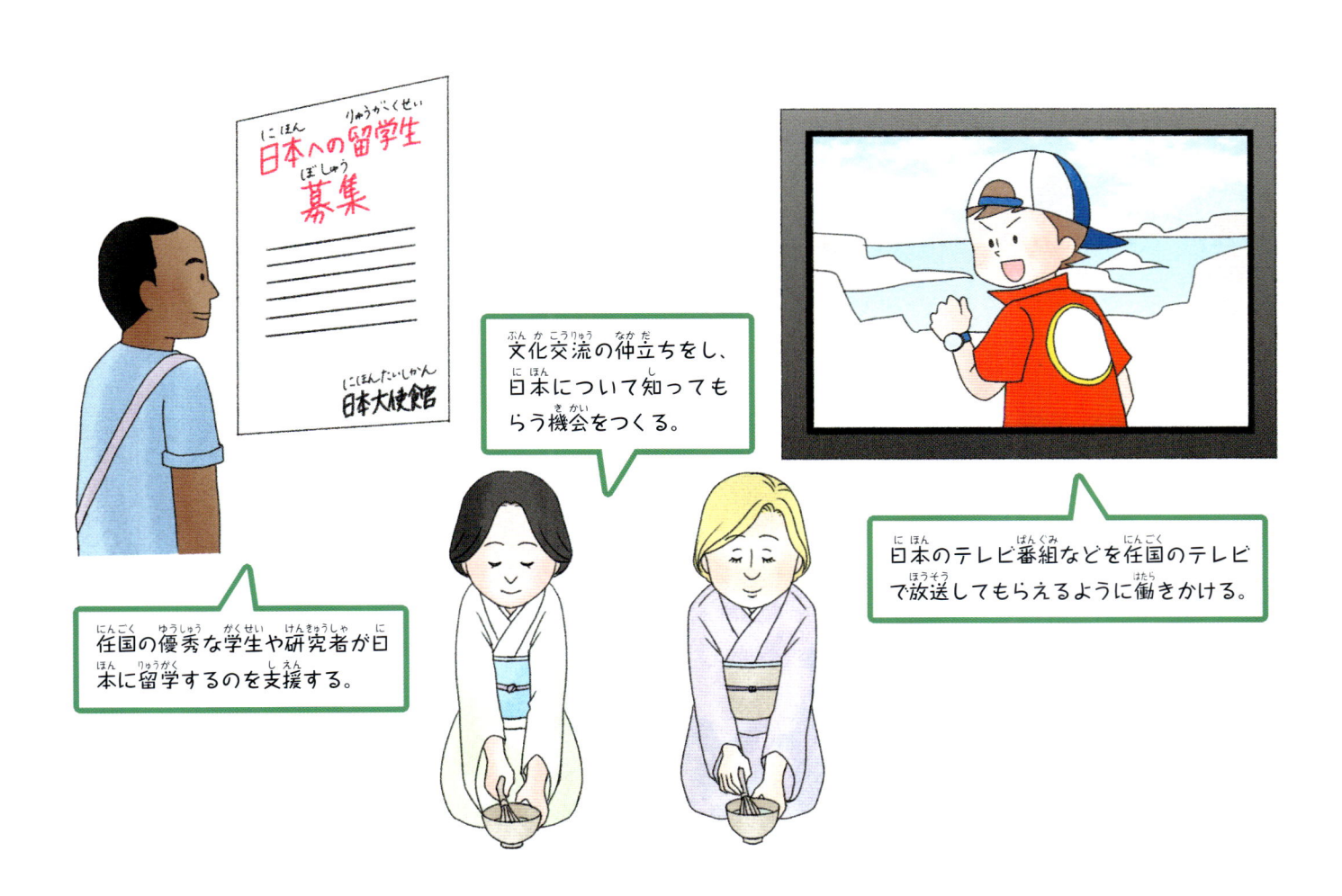

日本への留学生募集
にほんたいしかん
日本大使館

文化交流の仲立ちをし、日本について知ってもらう機会をつくる。

任国の優秀な学生や研究者が日本に留学するのを支援する。

日本のテレビ番組などを任国のテレビで放送してもらえるように働きかける。

途上国への経済協力

ODA の例

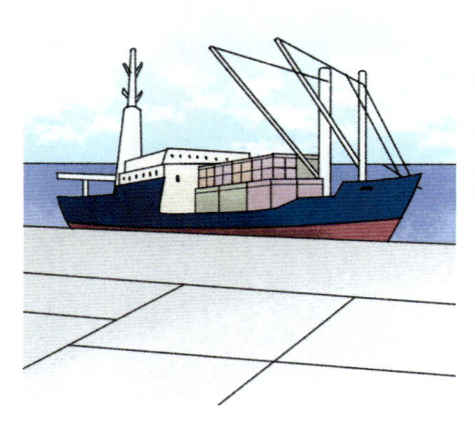

鉄道、港、工場、病院、ダムなど現地の人々の暮らしに必要なものをつくる。

政府開発援助（ODA）による支援

日本は、紛争や貧困などのせいで、きびしい生活を送っている途上国の人々に対して、政府開発援助（ODA＊）による支援を行っています。ODAとは、日本政府の予算、つまり政府が企業や国民から集めた税金を使って、途上国を経済的に支援することです。

ODAには、国際連合（国連）などを通じて世界の国々といっしょに経済協力を行う多国間援助と、日本だけで相手国を直接支援する二国間援助があり、二国間援助には、返済の義務のない無償資金協力と返済の義務のある有償資金協力、そして技術を教える技術協力があります。

途上国では、こうした援助によって、自力で発展できるよう社会基盤となる病院、学校、鉄道、工場、港などをつくります。また、日本から医師やエンジニアなどの専門家を送ってもらったり、逆に自国民に日本で研修を受けさせたりして、その分野で活躍できる人材を育てます。

＊ ODA : Official Development Assistance の略。

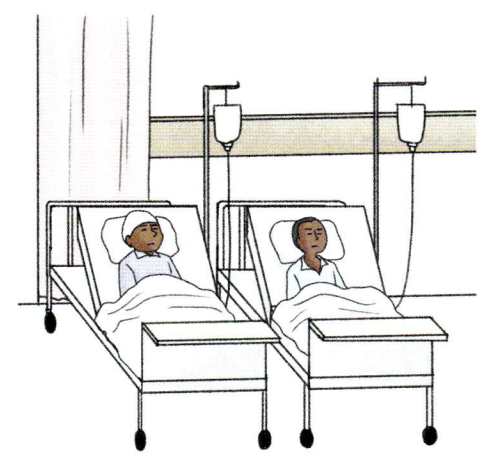

日本から医師やエンジニアを派遣し、現地の人に技術を伝え、人材を育てる。

🌿 ODAのメリット 🌿

　実際にODAでどんな支援を行うかは、大使館をはじめ外務省の職員が現地の人々の希望を聞き、そこに住む人々の暮らしにいちばん必要なものは何かを、現地の人とともに考えます。

　日本の協力で現地の学校や病院が整備されたり、新しい鉄道が開通したりしたときの、現地の人々の明るい顔を見るのは、外交官のやりがいのひとつです。

　こうした協力は、任国の政府や国民から感謝され、日本の立場を良くすることにつながります。また、国際社会の中で、日本の信頼を高めることにもなります。さらに、新たに建設する工場で日本の機械が使われれば、日本の機械の輸出を増やすことにもなります。このように、ODAは支援される側の国だけでなく、支援する側の日本にもメリットがあるのです。

国際平和に貢献する

国と国の間の力のバランス

世界の平和に貢献することも、日本の立場を良くすることにつながります。今現在の世界の平和を守るしくみはまだ不完全だからです。

国際連合（国連）が加盟国の提供する兵力で編成する軍事組織（国連軍）をもって、世界の平和を守ることを望む声がありますが、意見のくいちがいからまだ実現していません。

そのため現在の世界の平和は、国と国の間の「力のバランス」で保たれています。つまり、相手と同じ程度の政治・経済・軍事力を維持することで、相手に理不尽な要求を押しつけられるのを防いでいるのです。

自分の力だけでは不十分な国は、アメリカなどの大国、あるいは周辺の諸国と同盟関係を結ぶことで、周辺の大国とのバランスを維持しています。

世界の力のバランス

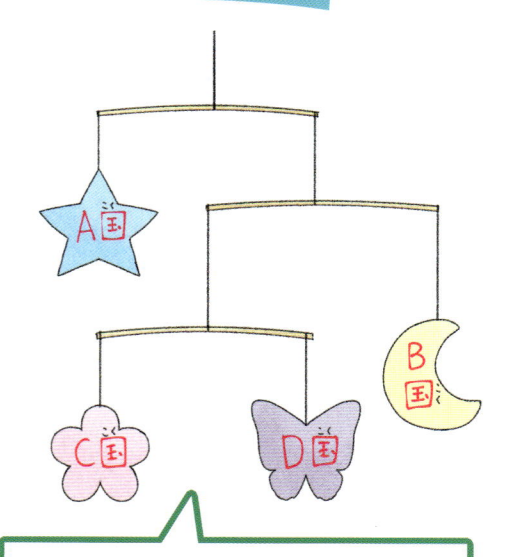

国と国との力関係は、天井につるされたおもちゃのモビールのようにバランスをとっていて、どこか一国の力が強くなると全体がくずれてしまう。

同盟関係

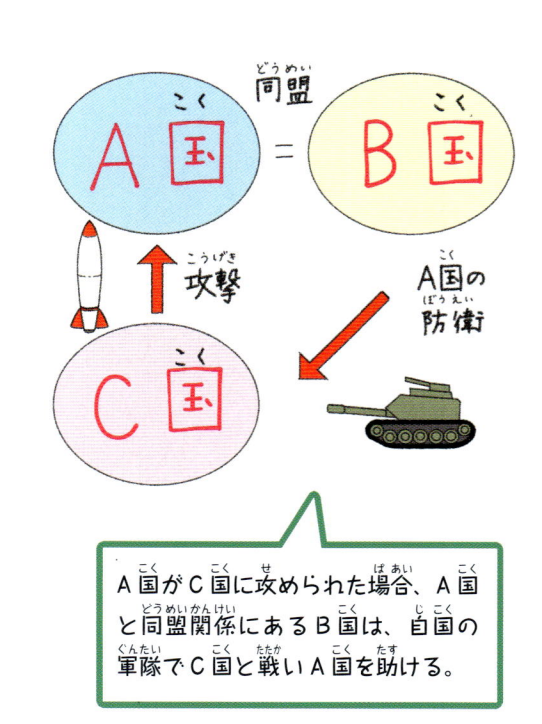

A国がC国に攻められた場合、A国と同盟関係にあるB国は、自国の軍隊でC国と戦いA国を助ける。

平和のためのPKO活動

国連は平和を守るための活動のひとつとして、加盟国の混成部隊である「国連平和維持軍」を編成し、紛争地で平和維持活動（PKO）を行うことがあります。PKOでは有志諸国が自国の軍隊を送り、国連の指揮のもとに行動します。軍隊は、戦争が一応収まったタイミングで送られて、武力対決が再発するのをおさえる活動をします。

戦後の日本は、自衛隊を海外に派遣することに慎重だったのですが、1992年には国際平和協力法を国会で採択し、国連PKOに自衛隊を派遣できるようにしました。

外務省は、自衛隊の海外派遣を決めるときには重要な役割を果たしますが、自衛隊がいったん海外に出てしまえば、その運用は防衛省が中心になって行います。

日本の自衛隊はPKOに参加して、戦争が再発するのを防ぐために働く。

退避勧告

日本の大使館は、任国にいる日本人が戦争や内戦に巻きこまれないように、国外に退避させる。

紛争地での外交官

戦争や内戦が起こりそうだというとき、その国の大使館はまず、その地にいる自国民（日本の大使館なら日本人）を国外に退避させるため、退避勧告を出します。外交官自身は、その国にいる自国民、ついで自分の家族が退去したのを見届けてから国外に退避します。

戦争や内戦で亡くなった外交官、公務員は何人かいます。これらの人々の勇気と功績はずっと語りつがれるべきものですし、遺族への補償も十分しなければなりません。

パスポートとビザを発行する

パスポートを発行する

　外国に行く場合、パスポート（旅券）が必ず必要になります。パスポートとは、ポケットに入るような小さな冊子で、そこには名前や生年月日とともに本人の顔写真がはってあります。そして、日本のパスポートであれば「この人は日本国民なので十分保護してください」という意味の言葉が外務大臣の名前で書いてあります。

　パスポートの中は日本語と英語で書かれています。これは、全世界で使える身分証明書のようなものなので、これを見せないと外国に入れてもらえないだけでなく、日本から出発することさえできません。

　パスポートは外務省が発行しますが、実際の事務は都道府県が代わりに行っています。パスポートの申請は、最寄りの「パスポートセンター」で行えます。

　もし外国でパスポートをなくしたら、現地の警察でまず紛失証明書をつくってもらい、それをもって日本の大使館や総領事館に行けば、再発行の手続きができます。しかしその手続きはかなり難しく、しかも数日かかりますので、パスポートはなくさないようにしましょう。

外国でパスポートをなくしたら

現地の警察署で紛失証明書をつくってもらう。

最寄りの日本大使館、または総領事館でパスポートを再発行してもらう。

ビザを発行する

ビザ

外国に行くときに、パスポートとともに必要なのがビザ（査証）です。これは行こうとする国の政府から事前にもらう入国許可証のことです。ふつう、その国の大使館か総領事館に行って申請し、自分のパスポートにビザのスタンプを押してもらいます。

なぜこういうことをするのかというと、それは国と国の間を移動するのは善良な人々だけではないからです。反社会勢力やテロリスト、違法なビジネスをする人々などが、自分の国に入ってくるのをくい止めようと、各国はいつも情報を集めています。

海外の大使館では、ビザの申請を受けると、その人の旅行の目的やこれまでの行いなどを本国で審査し、もし問題を見つけると、ビザ発行を拒否します。

なお、日本からの観光客や投資を強く望んでいる国は、日本人にビザの取得を求めていません。どの国がそうであるかはその時点の状況によってちがうので、外務省のホームページの「駐日外国公館ホームページ」のサイトなどで調べておきましょう。

ビザのおもな種類

就業ビザ……海外で仕事をするためのビザ。医療ビザや研究ビザなど職業によってさまざまな種類がある。

短期滞在ビザ……短期間滞在するときに必要。商用ビザ、観光ビザなどの種類がある。国によっては不要な国もある。

一般ビザ……海外に留学するための留学ビザなどがある。

外国に滞在している国民へのサービス

国民の安全を守るためのサービス

外国に滞在している日本国民へのサービスは、日本の大使館や総領事館の重要な職務です。任国の役所やそのほかの組織も、大使館や総領事館の言うことには耳をかたむけます。ですから、みなさんも、外国で困ったことが起こり、周囲の助けを得られないような場合には、日本の大使館や総領事館の領事部に相談しましょう。

また、日本の大使館や総領事館は、現地の安全状況をいつも注意深く観察しています。紛争や災害の危険を察知すれば、現地に住んでいる日本人にメールなどで警報を出し、もっと危険がせまれば退避勧告を出します。そして、実際に事件や災害が起こったら、日本人の安否を確認し、被害にあった人がいれば、外務省を通じてすぐに日本の家族に連絡します。

大使館、総領事館からこうしたサービスを受けるために、みなさんが外国に長期間住む場合は、日本の大使館、総領事館のいずれか近いほうに「在留届」を出しておきましょう。どういう人がどこにいるかわからなければ、大使館、総領事館も連絡のしようがないからです。これは日本での住民登録と同じようなものです。

日本人の安全のためのサービス

紛争や災害の危機がせまっているときは、現地にいる日本人に、国外に退避するようによびかける。

事件や災害に巻きこまれた可能性のある日本人の家族に連絡を取り、安否を知らせる。

そのほかの事務的なサービス

　このほか、日本の大使館、総領事館は、日本の役所などが行っている事務手続きの一部も行います。たとえば、出生届、婚姻届などを受け付け、その人の本籍地の役所に送ります。

　また、在外選挙の管理も行います。在外選挙とは、海外にいても日本の衆議院議員、参議院議員の選挙や国民投票に参加できる制度のことです。大使館や総領事館は、現地に滞在する日本国民で投票を希望する人の票を集めて日本に送るのです。

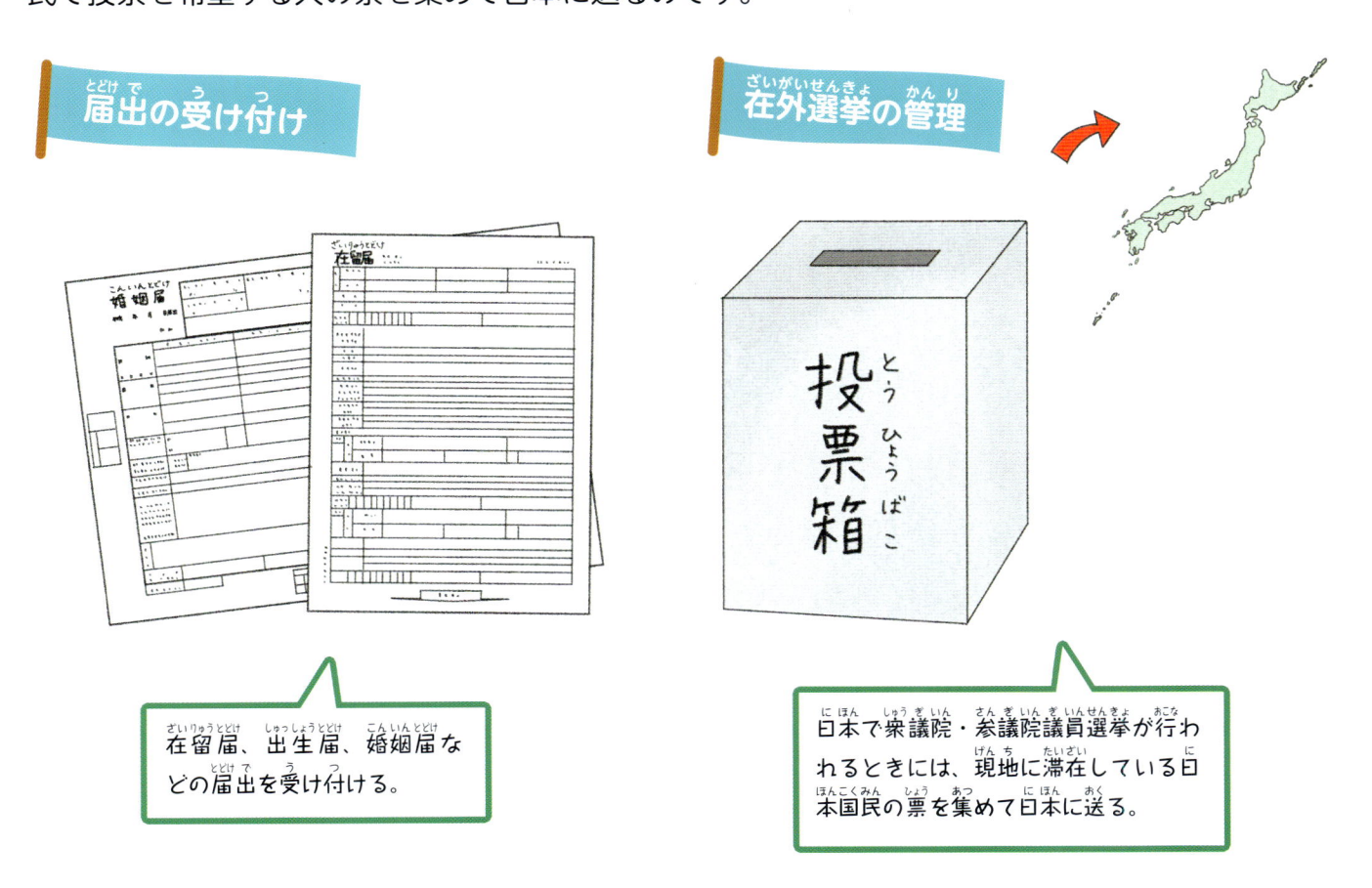

届出の受け付け

在留届、出生届、婚姻届などの届出を受け付ける。

在外選挙の管理

日本で衆議院・参議院議員選挙が行われるときには、現地に滞在している日本国民の票を集めて日本に送る。

大使館にはできないサービス

　大使館が提供するサービスは限られており、できないサービスもあります。

　たとえば、警察や税務署の仕事はしません。それは、ある国に滞在している外国人は、その国の法律に従わなければならないという決まりになっているからです。ですから、刑法や税法についても、その国の法律に従うことになるのです。

　また、大使館の職員の数は少ないので、できる仕事の種類も量も限られます。外国で暮らすには、自国で暮らす以上に自力で暮らす覚悟と能力が必要です。

外交官の責任

　大使館、総領事館で、現地にいる日本国民へのサービスを担当する「領事」の仕事はとてもきついものです。ほかの外交官に比べて、夜中や週末に日本人に助けを求められ、出かけなければならないことが多いからです。たとえ休みであっても、大使館・総領事館の留守番電話を通じて携帯電話に連絡が入りますし、何か失敗すると、大使館、いや日本の外交官全員が非難されることになります。

　内乱や災害が起こると、大使館、総領事館の全員、そして家族が危険にさらされます。わたしも、ソ連が崩壊して大混乱の1990年代ロシアでは、乗っている車の上を銃弾が飛び交い、銃をもった反乱軍がマンホールからいつ飛び出してくるかわからない、危険な状況に直面したことがあります。

　しかし、それはまだましなほうです。1996年のペルーでは、大使館職員全員が4か月間もテロリストの人質にされたことがあります。また、アフリカや中南米の国では治安が悪くなり、大使は装甲つきの車で移動したり、公邸から何日も外に出られなかったりする事態が起こっています。さらに、1975年のベトナム戦争当時、南ベトナムの首都サイゴン（現在のホーチミン）が北ベトナムの攻撃で陥落したときには、日本の大使館職員たちは、在住の日本国民を全員退避させたあと、アメリカ軍のヘリコプターや軍艦に助けられ、やっとのことで避難しています。

　「外交特権」（→ p.18 〜 21）に守られている外交官は、それに見合う責任も負っています。それに「特権」といっても、任国が崩壊すれば意味がなくなります。最後は自分の才覚と能力で、危険から脱しなければならないときもあるのです。

第 3 章

見学！ 各国の大使館

大使館に行ってみよう

日本にある外国の大使館に行ってみよう

　みなさんは、日本にある外国の大使館に行ったことがありますか？　もしかしたら、外国に行くために、ビザの申請に行ったことがある人もいるかもしれませんが、それ以外の用事で大使館をおとずれることはあまりないでしょう。

　すでに説明したとおり、大使館には「公館の不可侵権」（→ p.19）があるため、「領事部」の窓口など一部の場所をのぞいて、ふだん、一般の人は入ることができません。

　しかし、大使館によっては広報や交流のために、イベントで特別公開の日を設けている場合もあります。子ども向けのイベントをやっていることもあるので、機会があれば、行ってみるとよいでしょう。

港区ワールドフェスティバル

▲ 大使館スタンプラリーに参加するには上の「パスポート」が必要。

▲ 駐日マラウイ共和国大使館にて次席（大使に次ぐ立場の人）からマラウイについてのレクチャーを受けるスタンプラリー参加者。

港区ワールドフェスティバルで大使館をまわろう

　現在日本にある 155 の大使館のうち約半数が東京都の港区にあります。

　このように大使館が港区に集中しているのには理由があります。江戸時代、この地区にはたくさんの大名屋敷がありました。明治時代になると、政府は大名家から屋敷を没収し、その跡地を大使館用に各国に提供しました。そのため、港区には今でもたくさんの大使館があるのです。

　このように国際色豊かな港区では、毎年「ワールドフェスティバル」を開き、イベントのひとつとして「大使館等周遊スタンプラリー」を開催しています。

　このフェスティバルの開催期間中は、フェスティバルに協力している大使館を特別に訪問することができます。予約が必要な場合もあるので、事前に港区ワールドフェスティバルのウェブサイトで確認しておきましょう。

▲ 2018 年の大使館等周遊スタンプラリーマップ（2018 年 3 月現在の情報です）。

見学！駐日アメリカ合衆国大使館

 アメリカはこんな国

　アメリカ合衆国は、北アメリカ大陸の中央に位置する、世界で3番目に広い国です。50の州からなっており、国の代表は国民から直接選ばれた大統領です。「人種のサラダボール」とよばれるように、アメリカには、さまざまな民族が暮らしています。世界一の経済大国・軍事大国であり、世界の国々に対して大きな影響力をもった国です。

　日本との外交が始まったのは、1853年の黒船来航から（→ p.17）です。太平洋戦争（→ p.17）では日本と戦いましたが、戦後の1951年に日米安全保障条約を結んで以来、同盟国として緊密な外交を続けています。

🔍 基本データ

アメリカ合衆国　United States of America

面積：約962万8000 ㎢

人口：約3億2544万人

首都：ワシントン D.C

おもな言語：英語

通貨単位：米ドル

国旗の意味：赤と白の13本の線はイギリスから独立した際の13の州の数を、50個の星は現在の州の数を表している。

（2017年10月現在）

駐日アメリカ合衆国大使館はこんなところ

　アメリカ大使館は、アメリカの国務省*が外国との関係を保つために置いている組織です。その代表である大使は、大統領の代理として外国政府と外交を行います。

　駐日アメリカ合衆国大使館は、高層ビルが建ち並ぶ東京都港区赤坂にあります。ここでは、外交官をはじめとするアメリカ人スタッフと、現地採用された日本人スタッフが、数百人ほど働いています。

　大使館の敷地内には、大使公邸もあります。なお、機密保持などの理由から、ふだん一般の人は大使館にも、大使公邸にも入ることはできません。

＊ 国務省：アメリカの外交政策を担う政府機関。日本の外務省にあたる。

▲ 大使館の入り口にかかげられた国務省のエンブレム。

▲ 大使館のロビーには、大統領と大使の写真がかざられている。

◀ 大使が住む大使公邸。要人を招いて会食やレセプション（公式の招待会）を行うこともある。

駐日アメリカ合衆国大使館では、日本とアメリカの良好な関係を保つために、さまざまな交渉や連絡を行っています。また、大使館や大使公邸で日本やアメリカのお客さまをもてなしたり、外交官が日本の記者のインタビューに応えたりします。大使館の外に出て、大使自ら日本各地の視察を行うこともあります。

これらの活動を実現するために、大使館のスタッフは、外交プランを立てたり、スケジュールを調整したりしています。

▼ 大使が沖縄をおとずれ、現地の高校生と交流をはかる。

▲ 日本やアメリカのお客さまを招いて、会食やレセプションが開かれる。

領事の仕事

領事部では、日本に滞在するアメリカ人に対して、さまざまなサービスを行っています。また、仕事や留学などでアメリカに行く日本人にビザを発行しています。

▼ 申請窓口には毎日たくさんの人がおとずれる。

広報・文化交流の仕事

　アメリカンセンター JAPAN は、駐日アメリカ合衆国大使館の広報・文化交流活動を担う機関です。ここは大使館とは異なり、一般の人に開かれた施設です。

　アメリカンセンター JAPAN では、講演会やセミナーなどのイベントを開催したり、留学の情報を提供したりしています。また、アメリカに関する出版物を読めるライブラリースペースがあります。

▶ EducationUSA のロゴ

▼ 東京にあるアメリカンセンター JAPAN

▼ 最新ＶＲ機で、アメリカの大学をバーチャルに訪問することができる。

▲ EducationUSA ルームには、アメリカの学校のパンフレットや書籍、地図が並べられており、予約制でアドバイザーに相談することもできる。

▲ 大使館が主催する留学に関するイベントのようす。

外交官にインタビュー

Q. スチュワートさんから見て、日本はどんな国ですか？

A. わたしは子どものころから日本に興味がありました。日本に来たのは26歳のときですが、日本の長い歴史、奥深い文化、おいしい料理、親切な人にふれ、日本にとてもいい印象をもっています。

報道官 ジョナス・スチュワート さん

Q. ふだんはどんなお仕事をされているのですか？

A. わたしは日本人にアメリカの政策と文化を伝える仕事をしています。具体的には、記者会見を開いて記者のインタビューに応えたり、ソーシャルメディアを通してアメリカの情報を発信したりしています。

Q. このお仕事のやりがいを感じるのはどんなときですか？

A. 外交官の仕事でいちばんやりがいを感じるのは、相手国の人とおたがいに理解し合えたと感じたときです。そのためにわたしは、報道官として、アメリカの情報を日本に伝えるだけでなく、日本の記者や一般の人の意見を聞き、対話しながら、情報を交換しています。

Q. 今後、日本とどのような関係を築いていきたいですか？

A. 日本はアメリカにとって大切な同盟国です。安全保障だけではなく、経済、科学分野など、さまざまな分野でよりよい関係を築いていきたいと考えています。

お仕事拝見！

▲ アメリカのことをよく理解してもらうために、記者のインタビューに丁寧に応える。

現地採用の日本人スタッフにインタビュー

Q. ふだんはどんなお仕事をされているのですか？

A. わたしの仕事は、アメリカの製品やサービスの日本への輸出をうながすことです。
日本に輸出をしたいアメリカの企業のために、日本での販売の代理店になってくれる日本企業を探して、紹介しています。

商務部　商務専門官　杉浦晶子 さん

Q. どうして、このお仕事を選んだのですか？

A. わたしは、高校、大学はアメリカに留学しました。アメリカの企業でインターンシップ*をしたこともあります。これらの経験を通して、日本とアメリカの架け橋となる仕事をしたいと思うようになりました。

Q. このお仕事のおもしろいところはどんなところですか？

A. アメリカの企業の担当者が来日して、日本の企業と面談する際に、わたしも同行します。2〜3日、アメリカの人といっしょに過ごすのですが、そのときに出身地の州の風土や文化などのお話を聞き、交流を深められるのがおもしろいです。

Q. このお仕事のやりがいを教えてください。

A. 日本にはまだない、アメリカの新しい技術を日本に紹介できることです。
また、日米の企業のビジネスが成功することは、アメリカの企業のためだけでなく、日本の企業や経済のためにもなることにやりがいを感じています。

＊ インターンシップ：将来の職業を考えるきっかけとして、学生が就職前に企業で働く経験を積むことができる制度。

お仕事拝見！

▲ アメリカからかかってくる国際電話には英語で対応する。

見学！在マレーシア日本国大使館

 マレーシアはこんな国

マレーシアは東南アジアのマレー半島の南部とボルネオ島の北部にまたがる国です。1957年にイギリスからマラヤ連邦が独立し、1963年にマレーシアとなりました。今の領土になったのは、1965年にシンガポールが分離・独立してからです。

マレーシアには人口の6割以上をしめるマレー人に加え、中国系やインド系の民族も住んでいます。イスラム教が国教ですが、そのほかの宗教を信仰している人もいます。

日本とマレーシアが国交を結んだのは1957年のことです。マレーシアの日本に対する関心は高く、友好関係を築いています。

基本データ

マレーシア　Malaysia
面積：約33万km²
人口：約3208万人
首都：クアラルンプール
おもな言語：マレー語、中国語、タミール語、英語
通貨単位：リンギット
国旗の意味：月と星はイスラム教を、赤と白の線は独立時の13州と首都・クアラルンプールを表している。

（2017年10月現在）

在マレーシア日本国大使館はこんなところ

　在マレーシア日本国大使館はマレーシアの首都、クアラルンプールにあります。現在、大使館では33人の外交官と4人のその他の職員が働いています。

　大使館には館長である大使と次席（大使に次ぐ立場の人）のもとに、総務・儀典部、政務部、経済部、広報文化部、領事部、官房部の6つの部署があり、日本とマレーシアの政治や経済の関係を良くしたり、マレーシアで暮らす日本人に向けたサービスを提供したり、マレーシア人に日本のことをもっとよく知ってもらうための活動をしたりしています。

▲ 大使館内にある図書室には、日本の書籍や雑誌、パンフレットが置かれている。

▲ 大使公邸の看板

▲ 大使が暮らす大使公邸。大使館と同じように日章旗がかかげられている。

交渉・情報収集・交流の仕事

　在マレーシア日本国大使館では、マレーシア政府との交渉や連絡、政治・経済その他の情報の収集・分析を行っています。マレーシアの国王や首相などの要人が日本を訪問する際には、日本とマレーシアの橋渡しをします。また、反対に日本から首相や大臣がマレーシアを訪問する際には、会談や視察の予定などを調整します。

▲ 皇太子さまがマレーシアを御訪問されたときのようす。

© Source from Department of Information Malaysia

領事の仕事

　現在マレーシアには約2万3000人の日本人が暮らしています。日本大使館では、これらの日本人が災害や事件、事故に巻きこまれた際には保護にあたります。日常的な仕事としては、パスポートや各種の証明書を発行したり、届出を受け付けたりしています。

　また、日本をおとずれるマレーシア人にビザを発行しています。

▲ 窓口で各種の申請を受け付ける。

経済・ODAに関する仕事

これまで、日本はマレーシアに対してODAによるさまざまな支援を行っています。たとえば、有償資金協力で大学を整備したり、障害者や貧困者などを支えるNGO*や地方公共団体、教育機関、医療機関などを無償資金協力で支援したりすることにより、マレーシアの人々の暮らしが良くなるよう協力しています。

また、日本とマレーシアの経済関係を強化するために、日本企業の活動を支援しています。

*　NGO：Non-Governmental Organization（非政府組織）の略。

▲　「マレーシア教員養成学校国際言語キャンパス」に対して、教室の改修工事と備品購入を行った際の引き渡し式のよう。

広報・文化交流の仕事

大使館ではマレーシアの人に日本をよく知ってもらうため、さまざまな文化交流活動を行っています。たとえば、生け花や書道、和食、着物、落語、能などの伝統文化のデモンストレーションを行ったり、日本に関する講演会を開催したり、日本語への関心を高めるために日本語弁論大会などに協力したりしています。

また、日本に留学を希望するマレーシア人に対して、情報を提供したり、奨学金の案内をしたりすることにも力を入れています。

▲　日・マレーシア外交関係樹立60周年（2017年）を記念した音楽祭。

▼　日・マレーシア外交関係樹立60周年（2017年）を記念した能楽の公演。

© Ch'ng Shi P'ng

外交官にインタビュー

Q. 栗原さんから見て、マレーシアはどんな国ですか？

A. マレーシアは自然豊かな国ですが、一方で首都のクアラルンプールには、高層ビルが建ち並び、発展と変化を肌で感じられる勢いのある国だと思います。また、親日的な人たちが多いので、日本人にとって住みやすい国です。

一等書記官・広報文化部長 栗原恵津子 さん

Q. ふだんはどんなお仕事をされているのですか？

A. 広報文化部では、日本という国、文化・習慣、政策など、さまざまなことをマレーシアの人たちに知ってもらうための PR 活動をしています。また、マレーシアでどのような日本関連の報道がされているのかを調査したり、マレーシアのメディアを訪日招待のプログラムに推薦して派遣したりもしています。マレーシアから日本への国費留学生を推薦するなどの留学生関連の事業や、大使館のホームページやフェイスブックの管理運営も仕事のひとつです。

Q. このお仕事のおもしろいところを教えてください。

A. 日本を知ってもらうためには、相手の国を知ることが重要です。国民性、宗教、文化、言葉などを理解すること、これは、大変むずかしいことでもあり、おもしろいことでもあります。外国に住んで仕事をすると、日本の良さを再発見することも多く、それをより多くの人に知ってもらいたいと思うようになります。常にアンテナをはって、いろいろなことに興味をもつように心がけることで、仕事がよりおもしろくなります。

Q. 今後、日本とマレーシアの関係をどのように築いていきたいですか？

A. 2017 年は日本とマレーシアの外交関係が 60 周年となる記念の年でした。今後もさまざまな広報文化事業の活動を引き続き行っていくことで、日本のいろいろな顔、側面を多くのマレーシアの人に知ってもらい、日本に親しみをもってくれる人が増えるようにしていきたいと考えています。

公邸料理人にインタビュー

Q. 公邸料理人とはどんなお仕事ですか？

A. 大使が公邸にマレーシア政府の要人などを招待して会食をする際に、日本料理をつくります。会食は二人から、レセプションでは 500 人ぐらいのお客さまのために、献立を考え、材料をそろえ、実際の調理まで行います。また、大使のプライベートな食事の準備もします。

公邸料理人　北村典子 さん

Q. このお仕事で大切なことはどんなことですか？

A. 日本料理を食べながら大使の家（公邸）で過ごしてもらうことによって、招待した方との交流や関係を深め、外交活動がうまくいくようにすることです。日本食を食べてもらうことで、日本の良さ、日本文化をわかってもらうことも大切です。

Q. 料理をつくるときに心がけていることは何ですか？

A. 和食なので、食べやすいものを食べやすい量で出すことです。メニューの構成にはとくに気を配ります。また、マレーシア人のゲストが多いので、「ハラル」（イスラム法上、食べることが許される食材や調理法）のお料理を出すなどしています。

お仕事拝見！

▲ 日本料理を通して日本とマレーシアの交流を深められるように心をこめてつくる。

Q. このお仕事のやりがいを教えてください。

A. メニューの立案、食材の買い出し、調理までのすべてをやるので大変ですが、食事を終えたあとのお皿を見て、お客さまが全部きれいに食べてくれていると充実感があります。また、会食が終わったあとにお見送りをするのですが、その際にお客さまから、笑顔で「ごちそうさま」と言ってもらえるのはうれしいです。

さくいん

監修　**河東哲夫**（かわとう・あきお）

1947年、普通の会社員の家に生まれる。1969年猛勉強の末、外交官試験に通って、外務省に入省。外国留学に送られてソ連のことを学び、英語、ロシア語を磨く。その後外務省、ロシア、欧州、米国、中央アジアの大使館で勤務。在ウズベキスタン大使を最後に退職、フリーの評論家として日英中露語による国際ブログ"Japan-World Trends"を設立、世界に向けて自分の意見を発信している。ニューズウィーク日本版コラムニスト。

イラスト　のはらあこ

編集・デザイン　ジーグレイプ株式会社

撮影　海老澤芳辰(p.50-51, 54-55)
　　　　NEO SJ PHOTOGRAPHY(p.56-58, 60-61)

取材協力・写真提供　港区(p.48-49)／駐日アメリカ合衆国大使館(p.50-55)／在マレーシア日本国大使館(p.56-61)

参考文献　五百旗頭真・伊藤元重・薬師寺克行『岡本行夫 現場主義を貫いた外交官 90年代の証言』朝日新聞出版／河東哲夫『新・外交官の仕事』草思社／河東哲夫『米・中・ロシア 虚像に怯えるな』草思社／藤田順三『高卒でも大使になれた──私を変えた人生のその一瞬』海竜社

参考ホームページ　KIDS外務省　http://www.mofa.go.jp/mofaj/kids/index.html

よくわかる大使館
だれが働いているの？　どんな仕事をしているの？

2018年6月5日　第1版第1刷発行
2019年1月30日　第1版第2刷発行

監修者　河東哲夫
発行者　後藤淳一
発行所　株式会社PHP研究所
　　　　東京本部　〒135-8137　江東区豊洲5-6-52
　　　　　　児童書出版部　☎03-3520-9635（編集）
　　　　　　　　普及部　☎03-3520-9630（販売）
　　　　京都本部　〒601-8411　京都市南区西九条北ノ内町11
　　　　PHP INTERFACE　https://www.php.co.jp/
印刷所
製本所　図書印刷株式会社

©Akio Kawato & g.Grape Co.,Ltd. 2018 Printed in Japan　　ISBN978-4-569-78764-0
※本書の無断複製（コピー・スキャン・デジタル化等）は著作権法で認められた場合を除き、禁じられています。また、本書を代行業者等に依頼してスキャンやデジタル化することは、いかなる場合でも認められておりません。
※落丁・乱丁本の場合は弊社制作管理部（☎ 03-3520-9626）へご連絡下さい。送料弊社負担にてお取り替えいたします。

63P 29cm NDC329